LA QUESTION

DES FONTAINES

DEVANT

LE CONSEIL MUNICIPAL

DE LA VILLE DE LISLE-D'ALBI.

« Prendre toutes les eaux à la source
et les conduire en entier à la fontaine
de la place de la Mairie. » *Proposition
de M. le Maire dans la session du 11
août 1867.*

GAILLAC,

TYP. DE P. DUGOURC, LIBRAIRE, RUE MALAKOFF.

—

1869.

(Bene fac et dicant.)

Les habitants de la ville de Lisle-d'Albi se sont trop préoccupés de l'importante question des fontaines pour que nous ne sentions pas la nécessité d'en offrir ici un résumé aussi net et aussi succinct que possible, afin que chacun puisse se rendre compte d'une manière exacte et vraie de ce que le Conseil municipal tout entier avait l'intention de faire; de ce qui a été fait, et de ce qu'il reste à faire encore.

Nous ne nous dissimulons pas la difficulté de la tâche; mais, confiant dans l'intelligence et l'impartialité éclairée de nos concitoyens, nous n'hésitons pas à entreprendre un tel travail, persuadé d'avance que nous saurons nous faire comprendre.

Nous aurons à nous occuper d'abord de l'origine de la question. Nous tâcherons de prouver la nécessité de refaire une conduite insuffisante et délabrée, et nous espérons y parvenir en vous faisant toucher du doigt la constante sollicitude en faveur de la réparation des fontaines qui a de tout temps animé les

Conseils municipaux auxquels nous succédons aujourd'hui.

Nous donnerons ensuite un résumé fidèle des délibérations du Conseil municipal actuel, qui se rapportent à la réparation qui vient de s'achever. La population verra avec quelle unanimité nous avons été tous d'accord sur cette question, et elle pourra en conclure que c'est elle-même qui, par l'organe de ses mandataires, a proclamé la nécessité de cette urgente réparation.

Nous tâcherons enfin de réfuter toutes les objections faites après coup contre la conduite des eaux, *la matière employée, le diamètre donné, le temps qu'on a mis à sa confection.*

Loin de notre esprit l'idée d'offenser personne. Aussi, s'il nous échappait par hasard quelque expression qui pût blesser quelqu'un, demandons-nous d'avance l'indulgence de nos lecteurs, les priant bien de se souvenir que telle n'est pas notre intention.

1° Origine de la question.

Si l'on donne à l'étude des registres des anciennes délibérations une partie de son temps et que l'on s'occupe à les lire avec attention, on est frappé de la constante préoccupation qui se trahit presque à chaque page pour les fontaines de la ville.

Pour ne parler que des dernières années, il nous suffira de mettre sous vos yeux une rapide et courte analyse des délibérations prises par nos prédécesseurs à différentes époques.

C'est ainsi que, le 31 mai 1835, le Conseil municipal prend une délibération dans laquelle une somme de 3,000 fr. est consacrée à acheter des tuyaux de fonte qui sont placés cette même année sur une longueur de 200 mètres. On trouve aux archives de la Mairie un plan et devis d'achèvement de conduite en fonte avec fontaine monumentale qui, déposé par M. Pé-CHELOCHE, le 30 septembre 1837, doit coûter 22,000 francs.

Le 20 mai 1838, le Conseil municipal vote une somme de 4,000 francs pour continuer la conduite en fonte; on en fait cette année 220 mètres, ce qui porte à 420 mètres la longueur de la conduite en fonte, et à 7,000 francs la somme dépensée pour sa confection. En 1854, M. CLAUSTERMAN présente un nouveau projet d'achèvement sur une longueur, à terminer, de 800 mètres environ, avec érection d'une nouvelle fontaine en fonte sur la place de la Mairie; le prix s'en élève à 1,800 francs.

En 1860, le 4 novembre, une nouvelle délibération est prise, par laquelle il est nommé une commission, composée de MM. CASSANHOL, GINESTE et BOUNIOL, chargée de s'occuper du meilleur mode de canalisation à employer pour la réparation des fontaines.

Le 17 août 1862, la commission nommée le 4 novembre 1860, après un voyage spécial à Toulouse, où elle a pris tous les renseignements possibles, lit et dépose son rapport, et un membre du Conseil municipal, M. LARROCHE, demande l'établissement, dans le quartier du Pal, d'une borne fontaine.

Enfin, le 28 juin 1863, il est voté par le Conseil un impôt de cinq centimes pendant cinq ans aux quatre contributions; impôt dont le total, qui s'élève à environ 10,000 francs pour les cinq années, doit servir à combler un déficit, à payer des indemnités de terrain, à faire des chemins et à réparer les fontaines; impôt qui fut ratifié par le Conseil renforcé le 28 juin 1863.

Vous le voyez, et j'avais bien raison de le dire, jamais dans la commune ne s'est présenté une question qui ait été l'objet d'une si constante sollicitude. Il n'est pas d'année où la question des fontaines ne se présente et où l'on ne soit amené à demander aux Conseils municipaux une définitive solution.

Avant de mettre sous vos yeux les dernières délibérations prises au sujet de la réparation qui vient de se terminer, permettez-moi de vous citer les paroles que prononçait, il y a à peine deux ou trois ans, devant le Conseil municipal de la ville de Toulouse, un homme qui peut bien être discuté au point de vue politique ou administratif, mais devant les jugements duquel il faut s'incliner et se taire lorsqu'il se prononce sur une question de science ou d'hygiène. M. FILHOL, Maire de Toulouse, dans son discours d'ouverture, disait : « Pour qu'une population soit heureuse, trois choses lui sont indispensables : *de l'eau, de l'air et de la lumière.* »

Il avait bien raison de parler ainsi; ces trois choses sont en effet indispensables à une population; de l'eau, c'est-à-dire la propreté, de l'air, c'est-à-dire la santé, de la lumière, c'est-à-dire la sécurité pendant les ténèbres.

Animés des principes d'un tel maître, nous nous sommes dits : Pourquoi nous aussi, dans la mesure de nos ressources, ne doterions-nous pas notre petite et modeste cité des éléments de bien-être et de vie des grands centres de population? Pourquoi, ayant de l'eau à profusion, n'en donnerions-nous pas à profusion? Aussi, adoptant le programme de plus expérimenté que nous, nous sommes-nous écriés : nous aussi nous voulons donner à nos concitoyens *de l'eau, de l'air et de la lumière.*

De la lumière, nous en avons donné, pas encore assez, nous le savons; cependant de cinq, le nombre de nos reverbères s'est élevé à douze, et le jour où on voudra l'augmenter encore, nous ne serons pas les derniers à appuyer de notre modeste vote cette proposition.

De l'air, la ville n'en manque pas; grâces à Dieu, avec des rues droites et bien percées, donnant toutes par leur extrémité sur la rivière ou la campagne, l'air peut aisément circuler et porter la vie partout, à la condition expresse qu'il ne sera pas altéré par les ordures qui croupissent et les miasmes qui s'exhalent dans nos rues, et que par conséquent ces dernières seront toujours propres.

Mais, pour en arriver à ce degré de propreté, il nous a semblé qu'une chose était indispensable : De l'eau, nous sommes-nous écrié, des fontaines, des bornes fontaines, toute l'eau prise à la source et circulant dans nos rues, voilà la propreté, la santé et la vie pour la population. Oui, de l'eau, ce fut notre cri, et quelque résultat que puisse avoir la question des fontaines, fussions-nous appelés à le répéter encore, notre conviction est si profonde que ce cri serait toujours le même : de l'eau, de l'eau.

2° Dernières délibérations.

Voilà ce que nous avons cru pouvoir nommer l'origine de la question; voilà quelle était la situation lorsque, par votre vote, vous nous avez donné mandat de représenter et de défendre vos intérêts au Conseil de la grande famille communale. Notre premier soin fut de demander un rapport sur l'état de la caisse municipale, et une commission, composée de MM. BERTRAND, CASSANHOL et BOUNIOL, fut nommée pour vérifier nos finances.

Le 12 septembre 1865, M. CASSANHOL, mandataire de la commission, dans un mémoire remarquable par sa lucidité, prouva au Conseil municipal que, tous services assurés, il restait en caisse une somme disponible de 10,029 fr. 72 cent.

Pénétrés des ardents désirs de nos devanciers et trouvant l'occasion de reprendre leurs constants efforts, nous n'avons pas hésité à demander que cette somme de 10,029 fr. 72 cent., entièrement libre, fût employée à capter, si faire se pouvait, de nouvelles sources, à refaire la conduite et changer la fontaine, malheureusement délabrée, enfin à établir des bornes fontaines : deux dans le quartier du Pal, deux dans le quartier Saint-Louis. Cette première proposition fut votée par le Conseil municipal à l'unanimité. Ce premier vote acquis, ce dernier comprenant qu'il s'agit d'un travail sérieux, décide qu'il ne peut être fait que par un ingénieur capable et compétent.

M. LACAUX, auquel, au point de vue hydraulique,

ses ennemis même ne peuvent refuser leurs éloges, fut, le 13 mai 1866, indiqué aux membres du Conseil municipal qui, le jugeant capable, le chargent de dresser le projet des fontaines.

Le 10 février 1867, le Conseil, impatient, met en demeure M. LACAUX d'avoir à lui fournir au plus tôt les plans et devis du projet qui lui a été confié. Sur la demande faite par M. LACAUX, le Conseil municipal, toujours à l'unanimité, lui accorde un délai, le 19 mai 1867, pour achever les plans et y mettre la dernière main.

Jusque-là, pas la moindre opposition, tout le monde est content.

Mais, comme tous les projets, celui des fontaines a ses détracteurs; on discute au dehors, sans pièces aucunes, une question qu'on ne connaît pas encore assez, et un nuage se montre à l'horizon.

Pour battre en brèche le projet des fontaines, comment s'y prendra-t-on ? Le moyen le plus facile c'est, sans contredit, d'épuiser les fonds disponibles.

Aussi, le 19 mai, M. le Maire annonce-t-il au Conseil municipal un déficit de 4,000 fr. Un sourire d'incrédulité accueille cette nouvelle et on confie à une commission, composée de MM. CASSANHOL, BERTRAND, DE GÉLIS et BOUNIOL, le soin de faire connaître la vraie situation.

Le 26 mai 1867, après avoir rectifié une erreur involontaire, sans doute, commise au budget, la commission propose de maintenir par un nouveau vote la somme de 10,029 fr. 72 cent. pour la réparation des fontaines et d'y ajouter une somme éventuelle d'environ 4,285 fr. que l'on peut réaliser en vendant des

arbres dans toute leur croissance et les tronçons de
chemin laissés libres par le passage du chemin de
fer. Ces conclusions sont approuvées à l'unanimité.

La sérénité est rétablie; le nuage de l'erreur s'est
évanoui, emporté par le vent de la vérité lorsque enfin,
le 26 mai 1867, M. LACAUX dépose ses plans et devis
achevés. Il est décidé que ces pièces seront laissées
à la disposition de MM. les Conseillers municipaux
qui voudront en prendre connaissance, et une commission, composée de MM. LARROCHE, DE GÉLIS, CAS-
SANHOL, HOULÉS et BOUNIOL, est chargée de les étudier
plus spécialement et de les modifier s'il y a lieu.

Après une sérieuse étude faite en commun, la commission dépose et lit son mémoire par l'organe de
son rapporteur, le 11 août 1867.

Nous devons, avant d'aller plus loin, faire connaître
au public, d'une manière sommaire, le plan de M.
LACAUX, les modifications faites à ce dernier par la
commission et, enfin, celles qui furent apportées au
travail de la commission par le Conseil municipal
tout entier. M. LACAUX, après s'être inspiré des délibérations du Conseil municipal et s'être préoccupé des
ressources dont peut disposer la commune sans grever
personne, propose de faire en ciment, et à un mètre
cinquante de profondeur, deux conduites d'un diamètre
de treize centimètres partant du Grifoufet, l'une venant
s'embrancher à la conduite en fonte, et l'autre arri-
vant directement à la ville, où elle doit desservir, vu
son niveau, le quartier Saint-Louis. En tête de chaque
conduite est placé un robinet d'arrêt qui, en cas de
réparation de l'une, permettra par l'autre d'alimenter
constamment la population. Une chambre de robinets

sera construite au départ, et, au centre de la place,
s'élèvera une gracieuse fontaine à vasques superposées,
en vieux grès rouge de Monestiés (la plus belle des
pierres connues); de cette fontaine partent des tuyaux
de branchement qui vont faire couler les bornes
fontaines du quartier du Pal et de la Miséricorde.
D'après le devis, tout ce travail doit coûter 15,750 fr.

La commission n'approuve pas les deux conduites;
elle demande que, du Grifoulet aux tuyaux de fonte,
il n'y ait qu'une conduite unique, et qu'à ce point une
deuxième vienne, comme au projet soumis, desservir
le quartier Saint-Louis. Après avoir bien posé les avan-
tages offerts par le projet LACAUX sur les projets PE-
CHELOCHE et CLAUSTERMAN, édifié d'ailleurs par les nom-
breuses preuves qui lui sont données sur la valeur et
la durée des conduites en ciment, tant au point de
vue hygiénique qu'au point de vue de la solidité, la
commission propose de voter les conclusions suivantes:

Une seule conduite en ciment d'un diamètre suffisant pour prendre toute l'eau, jusqu'à la jonction
de la fonte; à partir de ce point, une conduite supplémentaire pour prendre l'excédant d'eau laissé libre
par l'insuffisance de la conduite en fonte pour que
toute l'eau arrive à la ville; transport de la chambre
des robinets au point de bifurcation.

Erection sur la place de la Mairie d'une fontaine
monumentale dont le plan lui est soumis, vœu d'augmenter le nombre des bornes fontaines.

Ces conclusions sont discutées par le Conseil.

M. le Maire demande qu'au lieu de détourner la
seconde conduite dans le quartier Saint-Louis, toute
l'eau disponible à la source soit conduite à la fontaine

de la place, d'où, après avoir jailli, elle ira alimenter toutes les bornes fontaines. La commission approuve cette modification, en tant qu'elle soit possible sans trop déranger le projet. M. le Maire demande ensuite grâce pour la vieille fontaine qui cependant est condamnée par quinze voix contre cinq.

Les conclusions de la commission modifiées par la proposition de M. le Maire sont ensuite mises aux voix et votées à l'*unanimité*.

Voilà où en étaient les choses lorsque, le 16 février 1868, M. le Maire demande à emprunter aux fontaines une somme de 4,000 pour réparer des chemins vicinaux. Après une sérieuse discussion le Conseil municipal consent à faire sur les 10,029 fr. 72 cent. un prêt de 4,000 fr. aux chemins, à la condition expresse qu'il sera voté séance tenante un impôt de cinq cent. aux quatre contributions pendant deux ans pour refaire à la caisse des fontaines leur somme primitive de 10,029 fr. 72 cent., et demande enfin que les travaux soient commencés d'urgence et que *toute l'eau* de la source soit conduite à la fontaine de la place de la Mairie.

En réponse à une lettre de M. le Maire demandant à être autorisé à faire les travaux des fontaines en régie, M. le Sous-Préfet écrit, le 22 avril 1868, que M. le Préfet accorde l'autorisation demandée.

Enfin, le 1ᵉʳ mai 1868, M. le Maire prend un arrêté ainsi conçu :

Article unique. — M. LACAUX, ingénieur du service hydraulique, demeurant à Albi, auteur du projet des fontaines de la ville de Lisle, est nommé régisseur des travaux de canalisation des eaux des fontaines, pour les conduire en entier du réservoir du Grifoulet à la grande fontaine de la place de la Mairie, conformément à la délibération du Conseil municipal du 16 février dernier, approuvée le 16 mars par M. le Préfet.

Lisle-d'Albi, le 1er mai 1868.

SIGNÉ : MIRAMOND, MAIRE.

En vertu de cet arrêté, M. LACAUX se met à l'œuvre et fait ses commandes d'après le plan qu'il a déposé. C'est ici le moment de faire remarquer qu'on a oublié de l'informer des modifications apportées à son projet, par le Conseil municipal, le 11 août 1867.

Prévenu tard de ces modifications, et voulant, comme il le devait, s'y conformer, il en résulte quelques dépenses inutiles pour la commune et un peu de temps perdu. Cependant, le travail est commencé et marche à une vitesse moyenne de douze à quatorze mètres par jour; enfin, on arrive à la conduite en fonte. Cette dernière placée, au début, sans pente régulière et suivant capricieusement les sinuosités du terrain, se trouve en contre-haut de la conduite nouvelle, qui, elle, arrive en pente régulière d'un millimètre par mètre, de quatre-vingt-dix centimètres environ.

Comment les raccorder? Il n'y a qu'un moyen; c'est de faire un double coude, et encore à la condition indispensable de pouvoir y placer une vanne de décharge pour éviter les obstructions.

L'impossibilité de placer cette vanne engage M. le Maire à réunir le Conseil municipal pour parer à cet imprévu, et le 9 août 1868, en présence de deux propositions qui lui sont soumises à la fois, l'une

demandant à ce que la conduite en ciment fût con-
tinuée jusqu'à la place, l'autre à ce qu'elle ne le fût
que jusqu'au pont de la Porte-Peyrole, et que de ce
point la partie de la conduite en fonte devenue inutile
fût placée comme conduite supplémentaire à côté de
celle existant déjà, pour que, selon le vœu du Conseil
municipal, toute l'eau fût de cette façon conduite sur
la place.

Le Conseil opte pour cette dernière à la majorité.

Si les propositions avaient été mises aux voix l'une
après l'autre, il est évident que les membres du Conseil
municipal qui avaient voté pour la première proposition, la plus large du reste et qui a cependant été
rejetée, se seraient, faute de mieux, ralliés à la seconde.
On peut dire par conséquent que la dernière, celle
qui a presque été exécutée, aurait été votée à l'unanimité.

Ainsi, vous le voyez, d'un côté qu'a-t-on voté ? Une
conduite unique en ciment d'un diamètre suffisant
pour prendre toute l'eau jusqu'à la fonte, double
conduite à partir de ce point, robinets et chambre
au point de bifurcation, le tout sous la direction de
M. LACAUX.

D'un autre côté, qu'a-t-on fait ? Une conduite unique
en ciment d'un diamètre suffisant pour prendre toute
l'eau jusqu'à la fonte, double conduite à partir de
ce point, robinets et chambre au point de bifurcation, le tout sous la direction de M. LACAUX.

Vous pouvez donc vous convaincre que rien n'a
été fait sans qu'il y ait eu à l'appui un vote du
Conseil municipal; et cependant combien de détracteurs ont essayé de fausser à ce sujet l'esprit de la

population par des objections que nous allons, suivant notre promesse, essayer de mettre à néant.

3° Objections.

On a dit : 1° Il valait mieux la fonte, et ce n'eût pas été plus cher;

2° Le ciment ne sera pas solide;

3° Le tuyau est trop grand;

4° Les robinets étaient inutiles;

5° On y a mis bien du temps.

Et d'abord il valait mieux la fonte. Oui, c'était notre avis; c'était aussi celui de la commission; aussi, avant de nous décider à proposer le ciment, nous sommes-nous adressés à plusieurs fondeurs, pour connaître les divers prix de la fonte chez chacun d'eux, et voici ce que, lettres en main, nous pouvons dire au public :

À Toulouse, chez M. Geslot, un tuyau d'un diamètre de dix centimètres coûte quinze francs le mètre courant; chez M. Girard la fonte vaut trente-deux francs les cent kilos; chez M. Olin, M. Yars, M. Bonnet, le prix par cent kilos est de vingt-huit francs; enfin, à Pont-Nau (Gironde), chez MM. Rossignol, Lagrèze et Daney, le prix de la fonte est de vingt-quatre francs cinquante centimes les cent kilos. Les tuyaux d'un diamètre nécessaire, de dix-huit centimètres, pèsent chacun cent soixante-cinq kilos; leur longueur totale est de deux mètres soixante-treize; leur longueur utile de deux mètres cinquante-neuf; ce qui fait pour un mètre de tuyau quinze francs soixante centimes, rendu en gare à Lisle-d'Albi. En multipliant 800 mètres, longueur restant à faire jusqu'à la fonte, par 15 fr. 60 cent., nous avons un total de 12,484 fr.; si nous y ajoutons 220 mètres de tuyaux d'un diamètre de douze centimètres nécessaire pour prendre l'excédant d'eau, longueur qui a coûté 7,000 fr., nous avons un total de 19,484 fr. qu'il faut dépenser pour conduire à la place toute l'eau de la source, d'après la proposition de M. le Maire et la volonté du Conseil municipal; et encore dans ce total ne sont pas compris la pose, les joints, la fontaine et les bornes fontaines. C'est en présence de cet énorme total, et de l'impossibilité éternelle où se trouvait la commune d'entreprendre en fonte la canalisation de ces eaux, que, malgré ses préférences pour cette dernière, la commission a adopté le ciment qui va faire l'objet de la réfutation de la seconde objection.

Le ciment ne sera pas solide. Pourquoi? on ne le dit pas. Cependant, avant d'en proposer l'adoption, la commission a fait beaucoup de recherches dont le résultat a été de voir que plus de 200 villes de France ou d'Algérie nous avaient précédé dans cette voie; que nous n'étions pas les premiers, comme on l'a dit, qu'à Grenoble on avait enlevé une conduite en fonte déjà faite pour la reconstruire en ciment; que les travaux exécutés en ciment par les Romains durent encore; que, de l'aveu même de nos contradicteurs, pas une des suites de notre vieille conduite en poterie fermée avec du ciment ne s'est jamais plus rouverte. On nous dira bien que les ciments employés ne sont pas les mêmes; mais nous demanderons à notre tour quel est le meilleur, quelles doivent être les qualités d'un bon ciment; et, quand on nous les aura fait

connaître, nous nous proposons d'analyser celui qui
a été employé pour nos travaux et de prouver qu'il
les possède. Ce que nous en savons déjà, c'est que dans
la construction du pont d'Albi, où tous les ciments
ont été essayés, celui que nous avons employé pour
la conduite de notre eau a été le seul conservé à
cause de sa prise lente, qui permet de le manier aisément sans rien ôter à sa dureté, une fois la prise faite.

Si, d'un autre côté, nous faisons pour le ciment ce
que nous avons déjà fait pour la fonte, nous trouvons
dans une journée relevée au hasard sur les feuilles
d'attachement :

3 hommes employés à manier le ciment..	6 fr.	20
4 » » à tasser et faire la conduite........................	12 »	90
2 hommes employés à faire le lit du mandrin	3 »	10
1 » » au charroi du ciment	1 »	90
50 briques pour le dessus de la conduite	4 »	00
3 mètres 60 centimètres cubes de sable..	8 »	10
24 quintaux et demi de ciment.............	49 »	00

Ce qui nous donne un total de.... 85 fr. 20

Si, d'un autre côté, nous mesurons la longueur de
conduite effectuée dans la même journée, nous en
trouvons quatorze mètres, ce qui nous donne par
mètre courant en place un prix de 6 fr. 20 cent.; si,
à la modicité du prix de revient, vous ajoutez la solidité de la conduite et l'avantage énorme de ne pas avoir
de joints, cause certaine de perte tôt ou tard, vous
pouvez facilement apprécier les raisons qui nous ont
fait, ainsi que le Conseil municipal, adopter le ciment
pour la confection de notre canalisation des eaux.

Le diamètre est trop grand. Voilà certes une objection qui n'eût pas dû être faite. Je comprendrais qu'on eût dit : le diamètre est trop petit; mais trop grand ! Est-ce que vous ignorez cet axiome qui vous dit : qui peut le plus, peut le moins; et pensez-vous que l'eau ne passera pas dans une conduite qui serait plus grande qu'il ne le faut ! Je me propose du reste de prouver que le diamètre réel donné de dix-huit qui, par les courbes et le frottement, devient un diamètre utile de seize, est bien le diamètre qu'il fallait donner. Si, comme nous l'avons fait, vous lisez le livre de M. CLAUDEL, ingénieur civil, intitulé : *Renseignements pratiques des ingénieurs et architectes,* année 1860, vous y trouverez des tables dressées par DE PRONY, de l'académie des sciences, qui a laissé un nom dans la physique, en hydraulique surtout; vous y verrez que pour calculer le diamètre à donner à une conduite d'eau, deux choses sont nécessaires à connaître. D'abord, la quantité d'eau à prendre par seconde et, ensuite, la pression sous laquelle on doit la prendre par mètre courant. Cette pression se calcule en divisant par la longueur de la conduite la différence du niveau, entre le point de départ et le point ou l'eau jaillit, soit pour nous le sommet de la fontaine monumentale.

Ces jalons posés, voyons un peu où ils vont nous conduire.

L'eau que nous avons à faire venir en ville se débite à la source à raison de sept litres cinquante par seconde. Avant d'aller plus loin, nous allons vous donner ici un tableau extrait des tables de DE PRONY, pour ce qui regarde le débit, qui est le nôtre, de sept litres cinquante d'eau par seconde; vous

pourrez y voir que cette quantité peut se débiter
par un tuyau dont le diamètre varie de six à seize
centimètres, que tout en effet dépend de la pression
sous laquelle on la prend.

Voici ce tableau :

EAU DÉBITÉE PAR SECONDE A LA SOURCE.	PRESSION PAR MÈTRE COURANT.	DIAMÈTRE A DONNER EN CENTIMÈRES.
7 litres 50.	0,166	6.
7 litres 50.	0,077	7.
7 litres 50.	0,040	8.
7 litres 50.	0,023	9.
7 litres 50.	0,013	10.
7 litres 50.	0,008	11.
7 litres 50.	0,007	12.
7 litres 50.	0,002	14.
7 litres 50.	0,0018	15.
7 litres 50.	0,0012	16.

Faites avec moi maintenant le calcul suivant : Eau
à prendre, 7 litres 50; longueur de la conduite, 1,220
mètres. Différence entre le point de départ et le pavé
de la place, 4 mètres; hauteur indispensable de la
fontaine, pour le service des bornes fontaines, 2
mètres 50 centimètres : il reste donc une pression
égale à la différence entre le point de départ et le
sommet de la fontaine, soit 1 mètre 50. Nous allons
donc diviser, pour connaître la pression, 1 mètre 50
par 1,220 et nous trouvons par mètre courant une

pression égale à 0,0012, soit 12 dix-millièmes. Si nous cherchons dans le tableau ci-dessus le diamètre à donner sous cette pression, nous trouvons qu'il est de seize centimètres. Nous avons à tenir compte des courbes et du frottement, et, pour avoir un diamètre utile de seize, nous avons donné un diamètre réel et nécessaire de dix-huit.

Il est, du reste, une expérience qui est du ressort des yeux. Mettez l'eau à la vieille fontaine et, quelques heures après, transportez-vous à la source. Vous verrez couler l'eau par un orifice placé au-dessus de la prise d'eau à quinze ou vingt centimètres; vous la verrez même parfois couler encore par-dessus le seuil de la porte latérale de la chambre d'abri de la source. D'où vient donc cet excédant d'eau? N'est-ce pas là un excédant que le diamètre de douze de l'ancienne conduite ne peut pas prendre? Je n'ai pas besoin de m'étendre plus longtemps sur ce dernier point, c'est du ressort des yeux.

Les robinets étaient inutiles. Voilà une objection sérieuse, et il est à présumer que si ceux dont c'était le devoir avaient prévenu à temps M. LACAUX des modifications apportées à son projet par le Conseil municipal le 11 août 1867, il les aurait peut-être supprimés, quoique le Conseil en eût voté le transfert au point de bifurcation. A plus forte raison l'aurait-il fait s'il eût pu deviner la délibération qui fut prise le 9 août 1868. Si donc les robinets et leur chambre sont devenus une affaire de luxe, c'est que, les ayant commandés, il eut toujours fallu les payer, et, dans ce cas, valait-il encore mieux les mettre en place. Enfin, on y a mis bien du temps. Oui, cela est vrai.

Cependant, si vous voulez bien faire attention que pour poser la première partie de la conduite en fonte, en 1835, sur une longueur de 204 mètres, il a fallu près de trois mois, vous serez obligés de convenir qu'il n'y a pas trop de temps employé (sept ou huit mois) pour faire un kilomètre, surtout si l'on tient compte de quarante-cinq jours que nous a fait perdre le passage de la voie ferrée.

Il serait ici opportun de réfuter une objection venue, sans doute, à l'esprit de certaines personnes. L'Administration a fort mal surveillé, pour ne pas dire n'a pas surveillé du tout cet important travail. Nous ne pouvons ici invoquer aucun argument particulier, car cette question ne se rattache pas d'une manière spéciale aux travaux des fontaines; elle peut s'appliquer à toute espèce d'entreprise communale; c'est un devoir général de surveillance et de zèle, et il ne nous appartient pas de discuter ici la conduite de ceux qui détiennent le pouvoir exécutif.

Conclusion.

Nous voilà donc arrivé au bout de notre tâche; notre programme est-il rempli? Vous savez désormais quelle a été notre intention. Canalisation, fontaine et bornes fontaines; vous avez pu voir avec quelle unanimité tout a été voté. De ces trois choses que nous n'avons cessé de demander et qui sont, d'après nous, le premier besoin de la population, les deux plus nécessaires restent encore à faire. Il ne faut pourtant pas se le dissimuler, il y a un grand pas de fait.

A nos successeurs à faire bientôt le reste.

Et maintenant vous avons-nous prouvé tout ce que nous vous avions promis dès le début, c'est-à-dire la sollicitude constante de nos devanciers, l'unanimité de nos contemporains, l'utilité et l'avantage pour tous de l'achèvement de notre projet; et surtout avons-nous su nous faire comprendre ?

Ce serait pour nous la plus belle et la plus douce récompense si, ne pouvant, malgré nos constants efforts, achever notre programme, nous avions le bonheur de le voir un jour complété par nos intelligents successeurs.

BOUNIOL.

NOTA. — Tous les chiffres ainsi que les extraits des délibérations sont pris sur les pièces officielles déposées aux archives, ou dans les registres des délibérations, à la Mairie, où tout le monde a le droit d'aller les contrôler.

www.ingramcontent.com/pod-product-compliance
Lightning Source LLC
Chambersburg PA
CBHW070118300326
41934CB00035B/2906